AF282760

La sed

Ada Salas

La sed

 16

I Edición: Hiperión, 1997
II Edición: Colección Genialogías / Ediciones Tigres de Papel,
octubre de 2024

Diseño de la colección, cubierta e interiores: Cristina Morano
www.morano.info

© Ada Salas
© De la fotografía de solapa, Eduardo Momeñe
© Del prólogo, Pilar Martín Gila
© De la entrevista final, Isabel Navarro
© De la presente edición: Asociación Genialogías / Ediciones
Tigres de Papel

Asociación Genialogías
C/ del Amparo, 32, 3.º B
28012 Madrid
www.genialogias.com

Ediciones Tigres de Papel
C/Camino de Orusco, 19, chalet 7
28560 CARABAÑA
www.tigresdepapel.es

ISBN: 978-84-128619-4-5
Depósito legal: M-24263-2024
Impreso en Madrid por Industrias Gráficas Afanias

Ninguna parte de esta publicación, incluido el diseño de la cubierta, puede ser reproducida, almacenada o transmitida por ningún medio, ya sea eléctrico, químico, mecánico, óptico, de grabación o de fotocopia sin el expreso permiso de la editorial.

Prólogo

EL TACTO DE LA PALABRA

Dicen que para la civilización grecolatina, el alma de alguien residía en el aliento, en el soplo, en la respiración. Así, la palabra, en cierto sentido, daba cuerpo, modelaba ese espíritu al dotar de pronunciación al aire. La palabra estaba esencialmente vinculada al alma, pero era un lugar del cuerpo. De ahí, tal vez, de lo inconcebible que era una palabra sin materia, al margen de un organismo, llegara la costumbre de leer los textos escritos siempre en voz alta, a un otro a quien le llegan mediante el oído, no en silencio, mudos, como practicamos en la actualidad, en esa interiorización de la lectura, que parece sortear la implicación de lo físico. La voz podía verse como una forma de prestar el cuerpo a la escritura, dar presencia a la palabra de quien escribió, a la palabra misma escrita. Así, la palabra escrita y pronunciada es una encarnación.

Se puede decir que Ada Salas (Cáceres, 1965) ha situado su escritura en ese lugar límite, donde los movimientos del alma, la emoción, el aliento de la palabra, encarnan y agitan, son poseídos por los sentidos desde las texturas de la voz y la actividad del cuerpo. Hay algo físico en la recepción de esta escritura de lo esencial, de la resonancia. Es la actividad corporal que nace en el acto de respirar. Es también el adentro y el afuera, en una intensidad fronteriza que enuncia esos perceptos y afectos de la poesía, que distinguía Gilles Deleuze. Se trata del impacto de la palabra en su desplazamiento liminar e intrépido, la insuficiencia del lenguaje y, a la vez, el acto que puede mover nuestro lugar en el mundo. Un movimiento que es ese temblor orgánico al que esta poesía da lugar en su escamoteo del sentido, del entendimiento lógico.

Tanto en su primer poemario, *Arte y memoria del inocente*, publicado por la Universidad de Extremadura en 1988, como en los siguientes trabajos poéticos, Salas ha ido ahondando en esta forma de manifestarse la propuesta de su escritura. Así *Variaciones en blanco* (1994, Hiperión, Premio «Hiperión»), *La sed* (Hiperión, 1997), y la presente edición con Genialogías-Tigres de Papel), *Noticia de la luz* (Escuela de arte de Mérida, 2003), *Lugar de la derrota* (Hiperión, 2003), *Esto no es el silencio* (2008, Hiperión, Premio «Ciudad de Córdoba»), *Limbo y otros poemas* (Pre-Textos, 2013), *Descendimiento* (Pre-Textos, 2018), hasta su último libro por el momento, *Arqueologías* (Pre-

Textos, 2022) sostienen una voz propia en la que se puede escuchar un sonido reconocible en un camino, que se va abriendo a la aventura y a la vez, siguiendo las huellas del terreno. Cabe mencionar también, en este mismo sentido, títulos como *Ashes to Ashes* (Editora Regional de Extremadura, 2011) y *Diez Mandamientos* (La Oficina de arte y ediciones, 2016, reeditado en 2023 por Joaquín Gallego Editor), que son trabajos de encuentro interdisciplinar, en diálogo con el pintor Jesús Placencia.

A través de los distintos poemarios van pasando motivos vitales, momentos, personas, lugares germinales, que encierran una existencia. Desde la condición material de la poesía, se puede hablar más propiamente de elementos vitales que biográficos, connotando con ello una mirada al mundo que se vuelve sobre la propia poesía, se hace meditación sobre la palabra y sobre la vida misma. En el libro de fragmentos ensayísticos *Alguien aquí* (Hiperión, 2005), dice: «Quien escribe lanza una piedra a la superficie mansa y lacustre del silencio». Esa piedra sobre el silencio es el brote de una poética que sostiene ese encuentro entre lo material y lo intangible, lo que nos golpea y lo que se nos escapa. Y una exacerbación de los sentidos que despiertan en ese lago recóndito y alerta. Hay un dolor en el poema, una experiencia de sufrimiento en su alcance de verdad y belleza sin la cual tendríamos una lengua banal. Pero este dolor comparece con una dimensión consoladora, que surge del deseo, de la esperanza. Y nuevamente, la materia aquí, podemos decir, es generadora, posibilitadora de esta experiencia.

Por consiguiente, en la creación de la poeta cacereña no se encuentra tanto un remitirse a la experiencia como un ser ella misma experiencia que revela lo que tiene que ver con el mundo. Hay un conocimiento que parece irse dando en ese surgir de la palabra, en el camino de la pronunciación más que en un concepto o una visión previa que espere ser representada en el poema. Esa pronunciación es la voz dicha, que da forma al soplo, al aire. Y aquí es donde se da esa paradoja que puede subsistir en lo poético, desde el momento en que precisamente la materia de esta poesía se cultiva en el silencio. Lo más personal de la voz está en su pausa, en su hueco. Pero el espacio en blanco, lo que rodea a la huella es lo que abre su encarnación.

Hay un don que reclama para sí el sujeto poético, es el de la lengua. «La palabra es el don / que solicito» dice en *Arte y memoria del inocente*. Y este don necesariamente implica al otro o también un desdoblamiento del yo en línea con la tradición de los poetas de la era moderna (el *je est un autre* de Rimbaud). Entrar en lo otro, enajenarse, pone al poema en conexión con la vida, en diálogo con esas cosas particulares de un mundo que se percibe en las zonas compartidas; no hay un yo sin otro en intersección, pero a la vez, responde a un viaje interior y solitario constantemente atento. Así, el don es una gracia y también un presente, algo cuyo fin es ser recibido por ese tú, aceptado por él como óptima forma de reconocimiento, ese es el fin de la palabra. Entonces, este ahondamiento interior, en la poesía de Ada Salas, lleva, por lo tanto, un constante diálogo. Es una palabra que se proyecta y que, a su vez, nace de una vibración exterior, de extrañamiento, bien sea una voz otra para el sujeto poético, el encuentro con el deseo, como podemos leer en *Limbo y otros poemas*, o una conversación interiorizada con una creación ajena como el ya mencionado trabajo con Placencia, *Ashes to ashes*, a partir de una escritura gráfica con Eliot en un «denso proceso de disolución del otro», tal como observa José Luis Morante en su artículo *A solas en el canto*. No estamos, por consiguiente, ante una escritura ensimismada. Dice Ada Salas en su *Poética y poesía*, editado en el 2019 por la Fundación Juan March:

> ¿Qué soledad es esa en la que resuena el otro? ¿Es la escritura un tipo de diálogo? ¿O un monólogo no nuestro -no emitido por nosotros- al que asistimos? ¿Es entonces, el de la creación, un espacio dramático?

Lo solitario aquí es un campo de imaginación plagado de voces en acción. Y el hablar es un balbuceo en su tentativa de decir, de dar cuenta, de ser testigo y construir de tal modo algo tan fino como una respiración, pero que, volviendo al comienzo del presente escrito, abraza tanto el cuerpo como el alma.

La sed

Hay una memoria afectiva y abstracta, como afirmaba Violet Paget, en la que aguarda un sentimiento estético capaz de atravesar los cúmulos de percepciones y sensaciones de la vida. Es así, en parte, como podemos leer la intensidad intelectual y emocional en la poesía de Ada Salas. *La sed* se abre con una dedicatoria al domicilio familiar: «a la casa de León Leal, 3. A todo lo que en ella vivimos», que contiene, junto a algo concreto, físico, que se localiza en una dirección, la inaprensible composición del recuerdo, la evocación de una vida anterior allí. Estamos, en este poemario, frente a la ausencia, la sombra, esa sed, que habla de un vacío que promueve el deseo, un hueco que tiende a su plenitud pero que, a la vez, no puede darse sin ese vacío. Entrecortarse, silabear, el ensayo, el intento como forma de ese sentimiento estético que surge en la huella, en la señal, en lo cóncavo de la experiencia. En *Poética y poesía*, Salas dice lo siguiente:

> En un poema las palabras a un tiempo se desnudan, se adelgazan, se libran de acarreos espurios, y se multiplican. Se expanden y se contraen. Dicen más de lo que dicen y dicen sola, y pura, y exactamente lo que dicen. En un poema, las palabras (se) dicen reflexivamente: se dicen a sí mismas, buscan su centro, van hacia ellas, y van, a la vez, a lo(s) otro(s): dicen –tan significativamente– a sus referentes. Dicen que son ellas, y dicen lo que el mundo es. Son el origen del sonido, el sonido y sus ecos. Son ellas, son eco de sí, y son eco del mundo.

Con *La sed*, nos encontramos ante la tercera publicación de Ada Salas, de quien la crítica literaria destaca habitualmente su concisión reflexiva en una línea minimalista, que irá abriéndose, relajándose, sobre todo, a partir de *Limbo y otros poemas*. Hay, efectivamente, en este trabajo, un verso conciso, poemas breves, conclusivos, sin extensiones explícitas o entregas enunciativas. Se abren espacios en blanco a lo largo de los poemas, huecos que son tanto borradura como omisión. Podríamos aventurar que es casi una sed dibujada, donde el lugar baldío de la página parece enjugado y demandante, invocador. Es un blanco del espacio, pero también lo es del tiempo, una forma de retardar un instante la sensación, de retenerla un momento antes del verso resolutivo.

> Dejad la cima y amasad el vuelo.
> Reposada en olvido
> para luego una a una iros dando
> la muerte
> y hacer de vuestras alas este barro.

La desesperación, el dolor (ya mencionado), formas de la angustia, que comparecen en este libro desde el momento en que son propiciatorias en la escritura de Ada Salas, y conforman el impulso necesario para buscar la palabra en la palabra. Aquí asistimos a ese roce del tiempo, la fricción de su paso, que hiere la memoria. Se invoca el olvido, que no es mutismo sino también voz, balbuceo como la misma poesía. El tiempo deja lo que ha sido y lo que no ha sido, como si la vida fuera tanto lo que es como lo que no es. Por tanto, deja también la muerte que puede volverse sed, deseo de vida, como en el poema que dedica a la muerte del padre. «A qué región me llegaré a buscarte

/ ahora que reposas a mi lado / en forma de deseo». Es esa ausencia lo que ofrece la huella, lo que da el anhelo como forma acabada, el daño, la falta es lo que precisamente reconoce la vida.

La palabra aquí, en este poemario, viene a llenar un vacío que se desconocía, que el sujeto no sabía que tenía. Así, la poesía hace saltar el desconocimiento necesario. El olvido, la muerte estarían en el desconocer. Sólo la poesía hace voz de lo que no es con lo que es, la materia de lo posible. De este modo, surge la tentativa de indagación en la oscuridad, en ese vacío apenas vislumbrado. «Ahora que la luz / se ha retirado // aprendo lentamente // el lento balbuceo del olvido.» Estamos, no obstante, ante unos versos que van en fuga, que parecen huir ante lo que persiguen o que eso mismo, lo que persiguen, es la huida. Silencio, olvido, y a la vez sed de silencio y olvido.

Venimos viendo cómo la sed, el deseo que mueve este libro llega de la ausencia, una mirada hacia atrás, volver la cabeza para indagar en la emoción de lo vivido. El vacío y la plenitud, quizá la impresión de ese «tiempo rezagado», que identificaba Francisco Brines y al que llamaba «el otoño de las rosas», título culminante en la obra del poeta valenciano, a quien está dedicado el poema *Hay libros que se escriben sobre la carne misma*, transcripción de una «intensa lectura» del poemario, según anota Ada Salas. La mirada retrospectiva, el recuerdo de la casa ya vacía y, a la vez, la anticipación del acabamiento, el silencio, que llegará inevitablemente como parte de la vida y también como aspiración. Y la poesía queda entendida como vida ella misma, como verdad y como vida.

Hay libros que se escriben sobre la carne misma.
Son esas cicatrices que nos hablan
                                    y sangran
cuando el tiempo se rinde a su derrota
un puñado de signos que apenas
comprendemos

y eran el verso intacto de la vida.

La poesía es visión de surco en la propia piel, dibujo labrado. El libro como realidad, no como lugar de representación sino nuestro acceso al mundo.

Los sangrados, los blancos de los poemas, construyen un ritmo fragmentario del sujeto poético, un curso interrumpido, que parece quebrar la dirección única, el plan. Tal vez por esto, en la poesía de Ada Salas podamos hablar de una ausencia de destino y, por el contrario, trayendo a Walter Benjamin, del triunfo del carácter, que no se somete al sentido e inaugura la libertad. Es esa palabra sin destino, como veía José Ángel Valente en la poesía, un camino que se emprende sin propósito a la vista, porque se trata de una experiencia de conocimiento que se va dando al transitar. Asistimos a esta presencia de Valente en la poesía de Salas, el texto suspendido, lo verbal en la zona límite del silencio dando lugar al poema al borde de lo blanco.

Acogiera mi boca el temblor
de la tuya. Esa turbia
palabra que te ronda los labios
y clava
cuatro cruces de luz en la rosa
de tu manso paisaje.
Abierta
como a brasa la bebiera.

Qué abismo escaparía
a la lengua voraz de mi memoria.

Cierro estas líneas volviendo de nuevo a la palabra poética como ese conocimiento que extrae un cuerpo y un alma, que supone la poesía de Ada Salas y recoge también este último poema citado de *La sed*. Se trata de un saber que se va dando, una revelación del propio camino, en el que la palabra aparece como materia ella misma, en sus dimensiones cognitivas y sensoriales, un acto de entrega que volverá, en retorno, a encarnarse en la lectura entendida como préstamo de la voz del otro. Tal vez, cobre ahora especial peso aquella afirmación de Karl Kraus: «la meta es el origen», desde el momento en que, podemos afirmar, el origen está en el ir pasando.

Pilar Martín Gila

DE LA INDULGENCIA

Nota previa

Hacemos un trato: *La sed* lo escribí yo. Ese hecho es tan ficticio como cualquier otra ficción, pero hagamos ese trato (también yo lo hago conmigo).

Algunas sensaciones no se parecen a ninguna otra: ver, tocar, hojear por primera vez un libro que ha salido de una misma —de la que una misma es «autora»— impreso, encuadernado, con su título y tu nombre en la portada. Una estupefacción: ah, era esto. Felicidad, y extrañeza, y distancia. Hay otra sensación que tampoco se parece a ninguna otra, vagamente a la que he descrito en primer lugar: coger, hojear un libro que una escribió hace —según dicen los créditos de la edición— muchos años. Qué raro. Por lo que a mí respecta, siento una especie de rechazo y una desgana: esos poemas, esas lecturas ya fueron. Reconocerme desde el presente en *La sed*, no sé: me veo desde fuera, como en una película, escribiendo en aquellas noches, en aquel estudio de la que era entonces mi casa: vivo y oigo la luz, los ruidos, recuerdo con nitidez el momento en el que «nació» el primer poema del libro. Exactamente. Imposiblemente. Leo a la yo que los escribió: las personas cercanas de entonces, el tiempo de entonces, la manera de entender el lenguaje y de leer un poema de entonces; por supuesto, de escribirlo; mi lejanía de todas las cosas de entonces. Una flecha vuela y se sitúa en el centro de todo aquello con solo abrir el libro por cualquier página y leer alguno de sus versos. Creo haber olvidado los poemas, pero no. Ellos creen haberme olvidado, pero no.

Hay que ser indulgente, me digo: quien lo escribió no eres tú (ya). Así que, cuidado, no hagas trampas: con un boli o un lápiz me sale tachar, sobre todo los adjetivos, creo que todos —ah, la literatura—; cambiar algún sangrado o espacio; arrancar, directamente, algún poema, o todos. Pero no, sé indulgente. Esto es muy serio: tuvo mucho de milagro que escribieras *La sed*, con más o menos torpeza, y que el escalón de *La sed* te permitiera alzarte en el camino hacia el libro siguiente, y luego al siguiente y al siguiente. Una fe más fuerte que la desconfianza que te ha acompañado siempre. La cosa va tan en serio como que escribir ha sido, y ojalá pueda seguir siéndolo, lo que ha dado sentido a buena parte de tu estar en esta vida.

Esto para decir que el libro se reedita tal como fue, sin tocar los poemas originales, aunque he tenido que hacerme violencia para retener la mano y respetar su tiempo.

En su momento, en 1997, la editorial Hiperión los acogió con generosidad. Hiperión: cuánto le debe la poesía en español al tesón y a la pasión de Jesús Munárriz, cuánto le debo yo. Ahora la diosa de la fortuna vuelve a visitar a *La sed*. Vuelve a traerlo a la luz Tigres de Papel: gracias. Genialogías, compañeras, le da su bendición: gracias. Gracias, Pilar Martín Gila, gracias, Isabel Navarro: *La sed* no puede volver a nacer en mejor compañía.

Ojalá este libro, lectora, lector, te hable con una voz-prisma, también con la tuya, que es la que cuenta.

Ada Salas

La sed

Ardor feito de esquecimento
(Ardor hecho de olvido)

Eugénio de Andrade

A la casa de León Leal, 3.
A todo lo que en ella vivimos.

Dame seca la sed para invocarte
olvido. El coro de las cosas entona
su reclamo. Se acercan en bandadas
los ruidos de los hombres. A través del balcón
resplandece la tarde.

Dame

no respirar.

Para siempre renuncio a la certeza.

Ha nacido el dolor como nace la calma.
Con la misma insolencia. Un rumor
de capullos pone piedras de sombra
sobre el mar de mis ojos. Sólo
queda en silencio ver si el día
perece

y se ilumina el canto.

Aquí todo comienza.
Nada sabe del tiempo
la memoria. Nada grita o susurra
o se estremece. Sólo un hombre
desnudo

acaricia su sombra con los ojos abiertos.

Es propicia la noche. He perdido
mi sangre en el blanco fragor
de los sucesos.
Tengo sólo el aliento
que precisas

la sed
que te precede

imposible palabra.

Alumbra una señal.
Alza el humo del miedo.
Pon tu lengua en la llaga
mortal de tu desnudo.

Comulga ese temblor que te enmudece.

Queman los arrecifes de la sombra.
Con los dedos
heridos

acaricio un fulgor.

Dejad la cima y amansad el vuelo.
Reposad en olvido
para luego una a una iros dando
la muerte

y hacer de vuestras alas este barro.

Posesión de la entrega.
Territorio baldío despojado de mí.

Cómo darme a beber este cáliz
cuya sombra rebasa los confines del hombre.

Acercaos a mí. Está quieta
la noche. Con esta mansedumbre
abrí su corazón.
                    Tocad
la quemadura de mis ojos.

No limosna o espiga de la ciega simiente
que liga el corazón a la memoria. Que tracen
las palabras el férvido retrato
de la palabra misma. El humo
de la luz
quemada en las hogueras del silencio.

Todo sucede en mí. Acaso
ni la noche se asoma a mi suplicio
y el peso de la luz
la carne y su desmayo el hambre
muda

sólo en mí se suceden.

Días como una playa sedienta
de naufragio: miráis
como preguntas de la muerte. Ponéis
sobre mi espalda
los cuerpos de otros nombres
y otros días.

Mas dónde hallar ahora tanta tierra.

Siempre fuisteis así

                    mañanas

desmayadas como frutos extraños.

Desde que me conozco no recuerdo mi nombre.

Sólo un blando rumor

se perpetúa.

Mirad esta llanura. Nada en ella recuerda
las gestas de los hombres. El sueño sólo
alienta y la fecunda. Como un tiempo
                                    arrasado

insiste en su pobreza.

Tal vez yo conociera estos violines. Su paso
hecho de hombre como una confesión
como una ruina. Oigo sólo
los ecos de un vivir aprendido tal vez
y este asombro es ya sueño
                              viejo
como un vano dolor que se repite.

La tarde es una larga conspiración de sombras.
Alza voces remotas. Asalta la morada
de los ídolos. Incendia un corazón
como un paisaje. Arrasa anega
ciega

y la noche al acecho.

Una vez fue sumiso este azul y esta luz
que nos sueña. Sálvame
oscuridad. Inunda esta morada.
Reposa sobre el brillo de las cosas.

Anuncia la palabra que nos niega.

Como teme la mano la promesa
del ascua y se aleja e invoca
la humedad de un regazo
y ofrece su temblor
como prueba imposible
de inocencia

así desea el beso
de la pluma. La sangrienta
blancura en que de nuevo
al fin

se reconoce.

Es mi carne también este silencio.

Gime y crece y se ahonda
con el día y reposa en la noche
sobre el frío del sueño.

Vive en mí como vive mi sangre

y se abre dichoso en esta herida.

Ya
cansa la existencia. Deseada
orfandad. Apurar
de la herida que lentamente
abro
el fluir de la sombra. Y vosotros
presencias que habéis permanecido
deponed el amor
piadosamente

y apartad vuestros ojos.

Dirías que este largo fluirse hacia la nada
se parece a la muerte. Alta
desolación que no sucumbe
a la *quimera*.

Esos labios avaros. Su plenitud de ascua.
Orilla en que agoniza mi deseo
y canta

como un mar fatigado de ofrecernos su muerte.

Huidos para siempre el río y las hogueras
las horas en la roca de la espera que sacia.
A ellos debo la sima
de los ojos

y el páramo de hambres que deja lo perdido.

Un hombre se detuvo.
Despacio se deshizo del peso
de sus ojos. Vio la tierra
desnuda.

Desnudo abrió la rosa mortal de su silencio.

Te has ido como el sol.
Una boca de tierra
te había comulgado.

Luego sólo la llama enmudecida.

A qué región me llegaré a buscarte
ahora que reposas a mi lado
en forma de deseo
                        hombre
cuya belleza apenas
conocía. Cada día me ciñe
su cilicio de ausencia.
Me has herido de vida desde toda
tu muerte

y no hay sueño bastante a tu vacío.

Un silencio sin alba.

Polvo
para esculpir tu sombra.

Acogiera mi boca el temblor
de la tuya. Esa turbia
palabra que te ronda los labios
y clava
cuatro cruces de luz en la rosa
de tu manso paisaje.
Abierta
como a brasa la bebiera.

Qué abismo escaparía
a la lengua voraz de mi memoria.

Como piedra obstinada en el vuelo
contemplo la caída

desde el alto lugar de la derrota.

Y a pesar de mi sangre
estoy aquí. Ni una sola mentira
aplaca este silencio. Crece
como la sed
y a su cima me inclino.

Nada nace de mí que no me asombre.

La noche es una gran magulladura.

Abierta
por un hacha

pereces de ese rito tenaz de la tiniebla.

Debajo de la luz había muertos.
Pronunciaban sus nombres como lluvia.
Ahora que la luz
se ha retirado

aprendo lentamente

el lento balbuceo del olvido.

La casa que abrigó tu corazón
será una ruina. Furtivos
en la noche
la habéis abandonado.
Oscura en el jardín la tierra removida.
Quise
decir traición

y dije llanto.

Aparta de los árboles tu sombra.
Dispón tu soledad. Ya
nada allí

respira.

Hoy la noche es un eco.
Llegan del horizonte
naves. Todo el mar es orilla
en que mi sed

se apaga.

Una sombra de versos apacible
y violenta

de pie sobre las horas.

Hay libros que se escriben sobre la carne misma.
Son esas cicatrices que nos hablan

                                        y sangran
cuando el tiempo se rinde a su derrota
un puñado de signos que apenas
comprendemos

y eran el beso intacto de la vida.

Madurar en el filo.

Como nieve que sabe su fulgor
pasajero.

No sabe del dolor la piedra
que golpea. No la estremece el grito
ni acaricia la mano
que la lanza. Obedece a su peso
y al deseo del aire.
                              Mineral
es mi voz.

Hambriento corazón qué puedo darte.

Por eso duele tanto entrar
en las palabras.
Porque su amor recuerda
el paso de otros cuerpos

y todo su fervor se desvanece.

Es de nieve la luz. Lejanos
comparecen los seres y los días

y en esta blanca tregua sin principio
ni fin

lo vivo deja paso a lo que muere.

Y vienes a la luz por si la sombra
hiciera
fulgor de la batalla. Y recoges
un fruto de sedienta
ebriedad.
          Rocío
sobre el musgo afilado de las horas.

Era posible un cuerpo como lecho de río.
Légamo fresco en que tenderse

y dejarse morir de un veneno tan puro.

Una vez más el cauce
de la sombra. Nada quiero
del día. Todo es hurto o engaño
a tanta siembra. Apenas alzas
el amor

y ya sucumbe al frío de su vuelo.

Mira luego la mano
que acaricia. Nada
perdura allí
de lo que fuiste.
De tanta claridad

la sombra sola.

Cómo nombro los ruidos.
Alientan lejanía. Vienen
como la luz
de su propia inocencia.

Escuchadlos en mí.

Concededme una orilla
después de tanta sed.

Allí sobre la luz.
Donde el tiempo atesora
tanta leve materia

hallaré mi reposo.

La sombra en la quietud halla su abrigo.

Ha segado la noche las espigas del sueño. Aguda
transparencia. Duele
la soledad
como el sol a los ojos.
Asombra tanto pájaro venido de tan lejos
a recibir la calma.

Estos que veis aquí
fueron mis ojos. Para nada
los quise. Fulgía como labio
la memoria.
Con un deseo puro
todavía

aguardo fieramente naufragar en la sombra.

No limpian las palabras.
Alumbran una isla en el lugar
del miedo y extienden una rama
al paso de los pájaros. Acogen
cuanto nace del hambre de las cosas
y mueren en silencio.
Pero su amor no limpia.

Como no limpia el llanto el rastro
de estar vivos.

Acallarse hasta el grito.
Huirse hacia la noche de los huesos.
Hasta el seno del limo donde todo comienza
y el hombre reconoce sus cenizas

y dócil se abandona.

Y después de haber dicho
hablar como la luz. Abriendo hasta la herida
aquellos ojos

que el silencio inaugura.

Fue canto este dolor.
Tiene cuerpo

y caído

lo que fuera el poema. Oscura
vocación de profecía.

Contempla cómo huyen las palabras.
Descansa sobre el polvo que deja
la memoria. Que todo tu dolor

te pertenezca.

NOTA: «Un hombre se detuvo» es un poema escrito a la memoria de Pepón. «A qué región me llegaré a buscarte» y «Te has ido» nacen de la muerte de mi padre. «Dirías que este largo fluirse hacia la nada» dialoga con Cernuda. «Acogiera mi boca el temblor» está dedicado a José Ángel Valente. «Hay libros que se escriben sobre la carne misma» transcribe una intensa lectura de *El otoño de las rosas* de Francisco Brines.

ENTREVISTA CON LA AUTORA

«Yo no soportaré leer esta entrevista. Pensaré que no digo más que tonterías, obviedades, con toda seguridad»

En algún momento de esta entrevista Ada Salas (Cáceres, 1965) me insiste en que aclare que se ha realizado de manera oral. A mí me parece una obviedad, porque de otro modo no sería una entrevista, pero es cierto que tal vez haya algunas cosas que desentrañar antes de que empiece el baile.

Por ejemplo, habría que aclarar que mandar una lista de preguntas para que sean contestadas por escrito (sin interlocución y sin repregunta) es una forma extraña, pero cada vez más habitual, de ofrecer una plataforma explicativa a una escritora (o escritor) para que ensaye formas más o menos estilizadas o más o menos elevadas de autorretrato y autopromoción, pero no es una entrevista. Tampoco un *selfie* es algo exactamente vivo o real. Un *selfie* se parece más a lo que queremos ser que a lo que somos y lo mismo sucede con una entrevista por escrito. ¿A qué se juega cuando en el tablero hay un solo jugador?

Porque sí, una entrevista es, sobre todo y más que nada, una conversación en la que una persona habla mucho más que la otra y a veces dice lo que no quería decir o no venía preparado para decir, pero en realidad es cierto y lo delata.

Eso no significa que en una entrevista de a dos no haya trampas, o sea, estrategia, o sea, edición y selección y recorte y pulido. Es decir, eso no significa que una entrevista sea una transcripción. Porque no, una entrevista NO ES una transcripción. Primero se transcribe y luego se barre, se friega, se tira a la basura, se quema, se recogen las cenizas y se amasa con ellas. O sea, como en la literatura, porque una entrevista es, también, y fundamentalmente una forma de literatura.

Otra cosa que habría que decir sobre lo que sí es una entrevista, y en eso se parece bastante a una cita amorosa (de Tinder o no): es una forma inducida de intimidad. Tú no conoces al otro, pero tienes muchos datos, tienes muchas hipótesis, y además quieres ser digno de su confianza y resultar irresistible. O sea, quieres merecerte un poco de verdad y un poco de caricia.

Pero en este caso, en el caso Ada Salas-Isabel Navarro, habría también que aclarar que excepcionalmente se ha debido codificar el encuentro en cierto modo al revés que en una entrevista convencional: puesto que Ada Salas y yo somos amigas y hemos compartido momentos de intimidad en la vida real, en esta entrevista (o entrevistas, puesto que fueron varias) se ha inducido una falsa distancia poniendo en sordina (un poco) la irreverencia habitual de nuestros encuentros sin grabadora.

Ada Salas y yo no solemos hablar del pie quebrado en el siglo xv y en este caso sí ha ocurrido, porque la entrevista no es solo un atajo hacia una cierta verdad introspectiva y mudable de una personalidad, también es un camino de acceso hacia el conocimiento y la sabiduría de la otra que no suele compartir por pudor, más allá de la salpicadura. Porque no, Ada Salas no es ni sabe ni puede, aunque quiera, ser pedante, redicha ni engolada.

Y sí, Ada Salas es sabia. Ada Salas es *autoritas*. Ada Salas es una maestra, pero es muy gracioso porque ella no lo sabe y repite una y otra vez eso de que no hace más que decir obviedades que no deben de interesar o importarle a nadie. Así que puede que sí, Ada Salas sea también (además de una maestra de nuestra genealogía y nuestra Genialogías) un caso claro de humildad inducida (o disciplinada) por el patriarcado y la iglesia católica.

Empecemos por el final, que es el principio, por las dedicatorias de *La sed*. Escribes: «Un hombre se detuvo es un poema escrito a la memoria de Pepón». ¿Quién es Pepón?

Pepón era un amigo del alma de los años locos, de mis primeros años en Madrid, que murió de sida. Bueno, era no, es; porque sigue siendo mi amigo del alma.

¿Y cuáles fueron esos años locos? ¿Cuándo llegaste a vivir a Madrid? ¿Para estudiar?

No, yo estudié la carrera e hice toda mi vida en Cáceres, incluido el doctorado. Pero entonces mi padre falleció y surgió la oportunidad de trabajar un año en la Universidad de Angers, en Francia, en una ciudad medieval preciosa. Y me marché. Pero cuando volví a Cáceres en verano... Es una historia muy divertida. Resulta que mi madre había falsificado mi firma a mis espaldas para que me presentara a las oposiciones de profesora. Cuando llegué a la ciudad llamé a las amigas para tomar algo y me dijeron: «Pero si te examinas mañana». Y yo: «¿De qué?». «De la oposición de Lengua y Literatura». Ellas habían pasado tres años estudiando y yo me acabé presentando, porque aunque nunca había estado en mis planes, pensé: «¿Por qué no voy a ir al examen si no tengo nada que perder?». Aprobé y me dieron plaza en Madrid.

Una vez me contaste que te salió el adjetivo y tú enfocaste tu disertación en el papel del epíteto en el Renacimiento porque era un tema que te fascinaba.

También me salió el contexto histórico de la literatura española desde 1939, o sea, todo el franquismo, que yo habría sido incapaz de desarrollar; así que elegí el adjetivo.

¿Recuerdas cómo empezaste tu disertación?

Recitando la Égloga I de Garcilaso, que entonces me la sabía casi completa, y comentando verso por verso. También lo enfoqué hacia los grandes momentos del adjetivo como ornato. Una de mis propuestas de actividad era coger un texto contemporáneo, creo que era *Tiempo de silencio,* para que los chicos tacharan todos los adjetivos.

El mundo sin adjetivos es otro, más seco, más desnudo. Es un ejercicio que he hecho muchas veces con alumnos.

¿En tu poesía huyes del adjetivo?

No tengo ni idea. Aunque, ahora que lo dices, creo que sí. Por lo menos cuando leo. Es curioso, porque yo leo con un lápiz de tachar en los ojos. Voy leyendo y me doy cuenta de inmediato de qué es lo que me sobra en el poema. Tengo un ojo especialmente... ¿Cómo decirlo? Cruel con los adjetivos. Pero en mi escritura yo no huyo del adjetivo voluntariamente. En realidad no huyo de casi nada de forma deliberada. Procuro ceñirme a la conocida máxima de Huidobro, tan obvia por otro lado, de que el adjetivo que no da vida, mata. Lo procuro, pero no sé si lo consigo. Esto nunca se sabe. Intento que el poema diga lo que quiere decir. Al final todos tenemos una lengua, todos podemos escribir. ¡Todos! Poner palabras una detrás de otra me parece muy fácil, lo difícil es restarlas.

Los alumnos, por ejemplo, escriben maravillosamente, pero luego hay que saber, en eso que escribimos, dónde está el texto de verdad. Y a veces averiguarlo exige sacrificarlo casi todo. A lo mejor escribes tres páginas y el texto es un solo párrafo porque lo demás acaba siendo superfluo. Y no estoy hablando de prosa.

¿Cómo es tu proceso de escritura? ¿Cómo escribes un poema?

Los poemas me suelen salir prácticamente hechos. Cuando ya por fin he conseguido entrar en un libro, entrar en un determinado estado del alma y en un determinado mundo de lenguaje particular —que es el que le corresponderá a ese libro— los poemas me suelen salir muy ceñidos. Eso no significa que sea un proceso fácil. Son muchas horas de trabajo y de escritura. Hay muchos poemas que se van a la basura enteros, pero cuando uno me parece que vale la pena suele salir casi hecho.

A lo largo de los años te has permitido escribir cada vez más largo.

El más largo que he escrito está en mi libro *Arqueologías*, que tiene tres páginas. Una locura para mí.

¿Y cómo confiaste en hacer un poema tan extenso viniendo de tu propia tradición lacónica?

No lo sé. Con ese poema estuve dudando mucho. Y ya sé que la duda es parte intrínseca del proceso e, incluso, del resultado. En realidad sigo dudando de si algo de lo que he escrito alguna vez merece la pena. Y ya sé que me preguntarás que entonces por qué permito que se publique. Pues no lo sé muy bien. Ese poema transcribe una experiencia muy importante para mí. Dudé mucho de la extensión, con esa escritura mía de los últimos años en la que introduzco tantos paréntesis, pero al final resistió la criba, se quedó y no me disgusta cuando lo leo en voz alta.

En el primer poema de *La sed*, el libro que ahora reeditamos en la Colección Genialogías, hay un único adjetivo: seca. Te lo leo. El poema dice: «Dame seca la sed para invocarte olvido. / El coro de las cosas entona su reclamo. / Se acercan en bandadas los ruidos de los hombres. / A través del balcón resplandece la tarde. / Dame // no respirar. // Para siempre renuncio a la certeza.»

Sí, ahora me acuerdo. Es curioso que «seca la sed» es lo contrario de un oxímoron, me doy cuenta ahora. Es una reiteración semántica, pero una reiteración tremenda. No está mal, me gusta.

Es un ejemplo de lo que decías antes de que un solo adjetivo lo determina todo.

Y luego está el poder de la fonética. Seca es una palabra sonoramente tan seca que parece la propia onomatopeya de la sed. ¡Es un adjetivo absolutamente prescindible desde el punto de vista semántico! Y sin embargo, fíjate, es un verso donde lo prescindible se convierte en protagonista. Que es algo que entonces hice así y ahora articulo de otra manera, porque si te fijas en mis últimos libros hay muchos versos que son de una palabra sola. Algunos de ellos incluso una sola preposición o un determinante de cualquier tipo, un demostrativo o un artículo. ¿Y cómo va a ser un verso completo el artículo «la»? Pues lo es, lo es.

¿En qué sentido?

Es como si un poema tuviese algo de instrumento de percusión, una especie de piano en el que cada sílaba fuese una tecla. Y no solo importa, evidentemente, como siempre, lo que se está diciendo, sino el cómo. Y la separación, la separación de las palabras, el encabalgamiento, tiene una fuerza enorme para el ritmo, para la música del poema. Sobre todo en los últimos libros he intentado huir de la melodía para romperla, para quebrarla, que es un gesto que implica violencia.

¿Es, de algún modo, la violencia en el poema la transcripción de una angustia?

Sí, pero eso, como todo, es algo que solo llegas a saber *a posteriori*. Y a veces tampoco se sabe en realidad, porque uno para explicarse las cosas se miente, y se miente como una bellaca, pero se miente porque necesita dar una explicación o comprender o creer que comprende. Pero siempre *a posteriori*. Mientras escribía el poema no me daba cuenta de esas rupturas, de esos quiebros, de esas cosas absurdas, como del hecho de que la preposición «en» sea un verso, pueda estar relacionado con esa necesidad mía de quebrar o de reproducir lo que está quebrado. Porque si lo que está en el fondo de un texto es un corazón, un alma y un cuerpo quebrados, ¿cómo no te van a salir quebrados también los versos?

Dices quebrados y lo que me viene a la cabeza es la copla manriqueña, la copla de pie quebrado...

Dios mío, las coplas de Manrique, cómo son. La fuerza de esas coplas está en el pie quebrado. Fíjate que ya en el siglo xv el uso del encabalgamiento era ultra moderno. ¿Ves como a cada paso descubrimos que no descubrimos nada? Ese tipo de encabalgamientos dejó de usarse en el Renacimiento, pero lo que hace Manrique en el xv es una barbaridad. Que es algo que he encontrado también de forma contemporánea en Claudio Rodríguez, un poeta al que no solemos identificar como maestro del encabalgamiento, pero que lo es.

Claudio Rodríguez hace unas particiones versales magistrales, encabalgamientos claramente antisintácticos. Y te diré que en este momento de mi vida, en esta etapa de mi escritura lo que más te interesa es lo anti, aunque yo siempre haya sido una amante de la sintaxis. Pero es que la poesía está en el terreno de lo descolocado, de lo desordenado, de lo caótico, de lo que no sigue una línea..., en definitiva, de lo antisintáctico. La poesía está en lo indomeñable. Y una sintaxis ordenada tal y como la entendemos con su sujeto, verbo y complementos, no me parece que sea especialmente poética.

Los poemas que me interesan siempre tienen algo de roto, algo de ruina, algo de edificio con desconchones o ladrillos caídos. Un poema es algo que está lleno de puntos de fuga y también una arena que se va entre las manos. Y, sobre todo, es una especie de puzzle imposible en el que faltan piezas. Si un poema tiene todas las piezas, si es un puzle completo, no me interesa. Al menos como lectora. No sé si me estoy explicando... Igual divago.

Claro que te estás explicando y te agradezco la divagación. No hay nada más fecundo en una entrevista que la divagación. Sobre todo con tu cabeza. Sigo leyendo *La sed* y en el segundo poema ya no hay ningún adjetivo. Dices: «Ha nacido el dolor como nace la calma. / Con la misma insolencia. Un rumor / de capullos pone piedras de sombra / sobre el mar de mis ojos. Solo / queda en silencio ver si el día / perece // y se ilumina el canto».

Me cuesta horrores releerme. Creo que nunca he vuelto a leer seguido todo el libro de *La sed* desde que lo publiqué. Te escucho leer el poema y no puedo evitar advertir con pudor en esos versos toda mi adolescencia poética aunque los escribiese casi con treinta.

Hace poco me pasó una cosa muy curiosa. Un hombre que no conozco me llamó un día a la institución en la que estoy trabajando y me dijo que deshaciendo la casa de su madre, que acababa de morir, había encontrado en un cajón tres cartas que yo le escribí a los dieciséis años.

¿A él o a la madre?

A él, a él. Yo no recordaba ni el nombre de este señor. Según él, y según las cartas, fuimos amiguísimos. Estuvimos solo quince días juntos, fue una de estas amistades de playa, pero parece que fue uno de esos encuentros del alma o del cuerpo muy intensos.

Yo no sabía si el tipo me estaba diciendo la verdad o me había llamado porque estaba aburrido. Pero un poco por curiosidad le dije que me mandara las fotos de las cartas y cuando las vi me quedé en *shock*. Para mí la grafía es importantísima. Me encanta la escritura a mano. Y cuando veo las cartas me doy cuenta de que por supuesto que son mías y de que a los dieciséis años ya escribía exactamente igual que lo hago ahora, con el mismo espacio de interlineado y los mismos márgenes. ¡Era como si las hubiera escrito hoy!

¿Pero te reconoces en esa voz, en esas cartas?

Sí y no. Yo sabía que fui una cursi de tres pares de cojones, si es que no lo sigo siendo. ¿Pero tanto tanto? Esas cartas sí que estaban llenas de adjetivos, todos hiperestésicos. Hablaba de las puestas de sol y de toda la caterva de tópicos de la hipersensibilidad adolescente. Está todo lleno de adverbios en mente. Me siguen saliendo sin parar. Tengo que aprender a controlarlos. Pero es que ni siquiera recuerdo a ese chico. Nada. Si recuerdo algo de aquellos días es porque leí enfervorecidamente *El nombre de la rosa*. Me acuerdo del placer de aquella lectura. De eso sí.

Yo también tengo el recuerdo de mí misma leyendo *El nombre de la rosa*. Tenía quince años y estaba en una

acampada. Prefería Guillermo de Baskerville al ruido humano. Cómo nos lió el semiólogo...

Qué listo Umberto Eco. Yo creo que en gran parte mi amor a la literatura y a la Edad Media se forjó en la lectura de *El nombre de la rosa*. Incluso mi amor al manuscrito, a la cosa esta del papel y de la escritura. En mi locura adolescente me imaginaba siendo un monje en su escritorio. Me parecía el colmo de la aventura. Y no te digo ya si hubiera sabido iluminar y poner el pan de oro y estas cosas. ¿No te parece una manera de estar sola con la escritura maravillosa? Digamos que fabulé con eso un tiempo, con los conventos y con san Pedro de Alcántara. Lo recuerdo muy bien.

¿Y por qué con san Pedro de Alcántara?

Para mí siempre ha sido un personaje muy especial. Pedro de Alcántara fue confesor de santa Teresa y era un asceta, que no un místico. Además era un hombre muy alto, medía más de dos metros y para mortificarse fundó un monasterio de techos bajísimos. Cuando vas a ver el monasterio la sensación que te da es un poco alucinada, como si estuvieses en el mundo de *Alicia en el país de las maravillas*. Pedro dormía sentado en el hueco de una escalera pequeñísima. Y yo además nací el día de san Pedro de Alcántara, así que me llamo María Inmaculada Petra de Alcántara. De hecho, según mi madre, tuvo una pelea con el cura en plena pila bautismal porque él estaba empeñado en llamarme Petra. Por suerte, al final mi madre consiguió que fuera el segundo nombre, no el primero.

La sed se publicó en 1997, cuando tenías treinta y dos años. ¿Cómo recuerdas aquella época y la escritura del libro? ¿Quién eras entonces?

Vivía en Madrid, después de la oposición de la que te hablaba al principio. Parte del libro se escribió en una casa de locos —de locos maravillosos— con los que compartía piso. Después me fui a vivir con mi novio a un estudio de la plaza Olavide, pero al año nos separamos y ya me quedé en esa casa sola. El libro lo escribí por las noches porque en esa época trabajaba en el horario nocturno de un instituto y llegaba a casa a las once de la noche. Cuando llegaba me hacía una cafetera, escribía hasta la madrugada y luego me levantaba al día siguiente a las dos del mediodía y me iba a nadar. Volvía a casa a comer y luego otra vez al instituto a dar clases. Así cada día. Todo lo hacía de forma sistemática. Fueron tres años en esa condición y te diría que leí y escribí como nunca en aquellas noches de soledad y de silencio.

¿Cómo es tu relación con el tiempo, Ada? Y me refiero al tiempo real y al tiempo en abstracto. ¿Sabes qué día es hoy, por ejemplo?

No, no tengo ni idea. Ni sé muy bien en qué año estamos o en qué mes. Me paso la vida consultando la agenda para ubicarme. Si te digo la verdad en estos momentos estoy en un conflicto muy serio con el tiempo que tiene que ver con mi edad y, por ejemplo, con no recordar nada de ese chico al que le escribía cartas. Pero también con el hecho de que mi madre esté en un proceso de demencia. Sus blancos de cabeza ya son absolutos. Allí no hay posibilidad ni de contar, ni de decir, ni casi de hablar. Otras veces habla sin parar, pero no dice nada... Según se va una desprendiendo del lenguaje, se va despidiendo del mundo. Y duele, duele mucho, pero también es un proceso muy interesante este de vivir la vejez extrema de tu madre y al mismo tiempo empezar a atisbar la tuya propia. ¿Sabes?, es como si la vejez de tu madre fuese poco a poco pariendo a tu propia vieja.

¿Os parecéis?

Es curioso porque siempre había dicho que no. Y ahora que está, pobrecita mía, absolutamente consumida, nos veo iguales. Las líneas de la cara, la nariz... Nos hacen fotos y me veo igual. O sea, tengo la conciencia clara de que, si llego a ser una viejecita, ese va a ser mi retrato. El nivel de identificación es muy fuerte y muy extraño, muy extraño.

¿Crees que tu epilepsia ha condicionado tu escritura?

Cada epilepsia es un universo y se sabe muy poco de ella. Cada uno la vive de una manera muy diferente, pero en mi caso lo que sí me produce es una sensación como de desasimiento del mundo; como si estuviera un poco suelta de la realidad, como si estuviese un poco lejana o ajena. Y eso, bueno, digamos que tiene su punto, pero también puede ser muy inquietante. También hay un temor que te acompaña siempre: nos sabes cuándo vas a ser «poseída» o «desposeída», lo mismo da, por eso de lo que no eres dueña; es decir, cuando eso me ocurre, siento una mezcla de sorpresa, miedo, impotencia y tristeza. Y luego viene la razón y dice: «No pasa nada, no tiene importancia».

¿Y de qué era aquella sed cuando escribiste este libro, Ada? ¿De qué tenías sed?

Pues yo creo que era, sobre todo, sed de escritura. Sed del estado de la sed; sed de ese estado maravilloso de comunicación con el centro de lo vivido y de la vida que es escribir. Y sed de lo que puede haber en ese centro y en ese estado. Y no creas que no sé que esa sed también puede ser terrible, pero la belleza también es terrible y cruel, ¿no? ¿Quién dijo eso? ¿Rimbaud?

Ada, ¿te das cuenta de que todos los escritores que me citas son hombres? ¿No ha habido escritoras entre tus referentes?

Pues muy pocas, Isabel, y es una pena, pero es así. Todas mis referencias de poetas mujeres son muy posteriores. Yo pienso en el mundo de poetas que ocupó mi adolescencia y por supuesto mi juventud —en Vicente Aleixandre, por ejemplo, que para mí fue una obsesión—, y no hay ni una sola mujer, es que no las hay. Es tremendo, pero es así. Las primeras que me deslumbraron fueron María Victoria Atencia y Clara Janés, pero llegué a ellas mucho más tarde.

Antes me has dicho: «Procuro que el poema diga lo que quiere decir». ¿Eso significa que la que habla no eres tú? ¿Qué sientes que el poema tiene una voluntad propia?

Te voy a contestar con un poema de Octavio Paz :

«Soy hombre: duro poco / y es enorme la noche. / Pero miro hacia arriba: / las estrellas escriben. / Sin entender comprendo: / también soy escritura / y en este mismo instante / alguien me deletrea».

Es decir, tú eres una escritura y hay otra cosa que te descifra. Tú te conviertes en lo leído, no en el lector. Y por lo tanto, también eres lo escrito en lugar del escritor. Hay una sensación que tengo muchas veces cuando escribo un poema: «Hostia, resulta que esto estaba aquí». O sea, un poema siempre consigue revelarme algo que tiene que ver conmigo de alguna manera. O a veces no solo conmigo, porque tampoco es que yo importe tanto, sino alguna revelación que tiene que ver con la vida, con el mundo, con tu pasado, también contigo, que tú no sabías, que solo el poema puede decirte. Yo a la escritura voy más con una necesidad de escuchar que de expresar. Si ya sé lo que quiero decir, sé que no va a ser interesante. El ejemplo para mí más claro fue *Descendimiento*. Yo no quise escribir un libro sobre ese cuadro. El cuadro de Van der Weyden apareció y fue tomando las riendas más allá de mí.

Pero el oratorio que hay dentro del libro *Descendimien-*

to sí que lo hiciste teniendo claro que escribías desde esas voces y ese código barroco, ¿no?

No, tampoco el oratorio. Los poemas fueron surgiendo y en un momento dado me di cuenta de que quien estaba hablando era María o que esto otro lo decía María Magdalena. El cuadro se adueñó de tal manera del libro que sentí que me estaba usando como ventrílocua.

¿Quién es para ti María?

Uf, para mí María es algo muy gordo.

Porque está y habla en *Descendimiento* y está y habla en *Limbo*. Es una voz y un personaje crucial en tu poética.

Cada vez que veo a la Virgen María me inspira mucha ternura y mucha pena al mismo tiempo. Porque ella me parece..., en fin, un instrumento del espíritu masculino. Ya sabes cómo va la cosa: Dios es un señor que elige a una jovencita para preñarla de su hijo; un hijo al que, por cierto, luego tiene intención de matar. Y si eso no es un vientre de alquiler que venga Dios y lo vea... Y luego esa cosa de que María acepta lo que le venga, es decir, la aceptación como una especie de maldición de lo femenino... Es un personaje que me ha inquietado desde la niñez.

¿Tu educación fue totalmente católica y de colegio de monjas?

Sí, yo estudié en el colegio de las Hermanas de la Caridad y todo lo que puedan tener de irreverente algunos poemas de *Limbo* y de *Descendimiento* tiene que ver con mi necesidad de saldar una cuenta pendiente: la de ser capaz de mirar el mundo desde un punto de vista que no sea el de la aceptación mariana. Me he pasado la vida luchando contra el espíritu del sacrificio, contra el sentimiento de culpa, contra la necesidad de ganarse no se sabe qué; contra la imposibilidad de elegir lo que tú crees que es el mal; contra el peso de la palabra *mal* o *malo* y el peso de la palabra *bueno*...

Aunque según me has dicho, desde la adolescencia dejaste de creer, hay un imaginario y una imaginería religiosa hiperpresente en tu poesía. De niña ¿cómo era tu fe? Me da la sensación de que debías de ser algo mística.

De niña me lo creía absolutamente todo. ¿Tú no? Me encantaba ir a la capilla a rezar yo sola durante los recreos o quedarme después de misa. No sé si yo era más creyente que otras niñas, pero el día de mi comunión me acuerdo perfectamente de lo que sentí, que se debe de parecer mucho a un éxtasis, porque estaba convencida de que en ese momento estaba recibiendo la gracia de Dios. Tenía siete años y por supuesto que me lo creía todo a pies juntillas. A esa edad una está tan abierta al mundo... Abierta de piernas, abierta de corazón, de cabeza. [Risas] Eres algo tan blando que, claro, incluso un pulgar que se pose sobre tu cuerpo imprime su huella porque en ese momento tienes la blandura de la plastilina. Eso es una niña. ¿Y cómo te quitas esa impronta? Hagas lo que hagas la huella dactilar se va a quedar en ti.

¿Crees que el hecho de haberte entrenado para creer en cosas invisibles, como la gracia de Dios, te ha hecho más sensible a ese «no sé qué» que también es lo inmanente de la poesía?

Sí, es verdad que el hecho de haber transitado por lo que en algún momento creíste que era el territorio de lo sagrado te da cierta práctica para hacerlo también en ese otro territorio de lo sagrado que es la poesía. Haber tenido una vivencia intensa de la religión, aquellas horas sola en la capilla, que no dejaban de ser horas de soledad, de lucubración y de ascensión... que también son consustanciales a la poesía. La escritura tiene que ver con la magia, con lo sagrado, con lo espiritual, que no sé muy bien qué es, pero sé reconocerlo.

Antes me has hablado de san Pedro de Alcántara. ¿Había también alguna santa o mártir que excitara tu imaginación infantil?

Las monjas nos leían con especial deleite el martirio de santa María Goretti, que prefirió dejar que le dieran catorce puñaladas a entregar su cuerpo (el detalle, el número catorce, parece ser que era muy importante). Nos lo contaban de una manera tan gráfica y cruda que se quedaba ahí para siempre... A lo mejor yo tengo un espíritu torturado, ¿pero cómo no te va a dejar algo trastornada ese cuento de terror?

De terror y pornografía...

Exactamente. ¿Qué crees que te venía a la mente cuando un hombre te iba a penetrar después de haber escuchado mil veces lo de Goretti? [Risas]

Al principio de nuestra conversación hemos hablado de la dedicatoria a tu amigo Pepón. Pero hay otra dedicatoria en *La sed*, fundamental, a tu padre, que falleció durante ese proceso de escritura y tengo la sensación de que está muy presente en el libro. El poema que le dedicas empieza diciendo: «A qué región me llegaré a buscarte / ahora que reposas a mi lado / en forma de deseo / hombre / cuya belleza apenas / conocía».

¡Ay! Ese poema es una elegía en toda regla en el que reconozco que se cumple el tristísimo axioma humano de que no sabes lo que tienes hasta que lo pierdes. Yo a mi padre lo adoraba mucho más de lo que yo misma sabía. Pero no lo supe hasta que se fue. Y esa conciencia aparece después de su falta y en una especie de lamento por no haber tenido ocasión de conocerlo... un poco más. Pero bueno, es una pérdida y ya está. Como tantas. Es inevitable.

Alguna vez te he oído decir que empezaste a escribir porque querías que tu padre te quisiera.

Es posible, sí, pero esa es también una certeza *a posteriori*.

¿Tu padre era escritor?

Mi padre ganó no sé cuántos concursos de poesía, concursos de los pueblos de alrededor de Cáceres. Fue guionista de cine y ganó un premio nacional de mejor guionista de cine *amateur*. De muy joven sacó una oposición de funcionario en la Seguridad Social y ese era su trabajo, pero fue corresponsal de la agencia EFE en Cáceres durante mucho tiempo y así se ganaba unas perrillas. Hacía crónicas deportivas, crónicas taurinas. Lo recuerdo dictando las crónicas por teléfono. Escribía muchos guiones para radio. Cuando sois seis hermanos para competir por el amor de un padre o una madre no tienes más remedio que buscarte las habichuelas para que te miren, ¿no? Y yo creo que desde el primer concurso de cuentos que gané en el cole, desde que vi la cara de orgullo de mi padre, supe que había encontrado una manera de llegar hasta él. Su relación con la escritura era muy intensa y me da la sensación de que si no hubiera tenido que mantener a seis hijos o si hubiera podido tener una formación a la que no pudo tener acceso, a lo mejor se habría dedicado a escribir.

Antes de terminar no quería dejar de recordar a tu querida amiga, gran poeta y socia fundadora de Genialogías, Marta Agudo, que falleció el 13 de abril de 2023. Tan, tan pronto... ¿Es cierto que siempre dijo que *La sed* era, entre los tuyos, su libro favorito?

Sí, fue ella quien lo presentó en Madrid. Había poemas que se sabía de memoria. Y hay un verso en particular, el último del primer poema –«Para siempre renuncio a la certeza»– que siempre me decía: «Cabrona, ese verso lo tendría que haber escrito yo...». Ya sabes lo irreverente que era. A mí también me habría gustado escribir un verso suyo: «He tenido que llegar hasta aquí para entender la caligrafía gozosa del mar».

¿Cómo os conocisteis?

En un curso de verano en Escorial que se titulaba «El amor en la boca de los poetas». Acababa de ganar el premio Hiperión por *Variaciones en blanco*, me invitaron a participar en una actividad del curso y allí la conocí y nos enamoramos. Tuvimos una conexión instantánea y luego tuve la suerte de que empezó a vivir al lado de mi casa, en la plaza de Olavide, así que nos veíamos mucho. Tuvimos unos años de relación muy intensa. Y luego lo que pasa en la vida. Tuve a mi hija y entonces estuvimos un tiempo algo más distanciadas. Pero en la última época nos volvimos a acercar. Siempre ha estado ahí Marta. Ahora se ha ido, pero sigue estando. Me río sola muchas veces pensando en la chorrada que diría en un momento determinado: entre otras cosas, Marta era la risa para mí.

Isabel Navarro, Ada Salas, julio de 2024

Índice

La autora, en las fechas de la primera publicación de *La sed*

La presente edición de *La sed*,
de Ada Salas, se terminó de imprimir
el día 12 de noviembre, aniversario del nacimiento
de la poeta mexicana Sor Juana Inés de la Cruz.
Esta edición consta de trescientos (300) ejemplares
numerados, de los que el presente hace el número

071

TIGRES DE PAPEL